DE L'AURORE DU MILLÉNIUM.

Le Second Avènement

du Seigneur.

„Les Temps du Rétablissement de toutes choses.“

— (Actes III, 19—21.)

„Le Fils de l'homme est venu chercher et sauver
ce qui est perdu.“
Jésus Christ revient donc pour répandre les bien-
faits de sa rançon; — pour récompenser l'Eglise,
bénir le monde et restaurer et renouveler
toute la terre.
„Dieu a envoyé son Fils . . . pour que le
monde soit sauvé par lui“ et il „l'a établi
pour être la lumière des nations et le
salut jusqu'aux extrémités de la terre;“
„et toutes les extrémités de la terre
verront [pendant le Règne des
1000 ans] le salut de notre
Dieu.“ — Luc XIX, 10;
Jean III, 17; Esaïe XLIX;
6; LII, 10.

Typ. Guldimann & v. Gunten, Grenchen

La Venue de notre Seigneur

son but

Le Rétablissement de toutes choses.

„Et qu'Il envoie celui qui vous a été prêché (ou désigné) d'avance, Jésus Christ, que le ciel doit retenir jusqu'aux temps du rétablissement de toutes choses, dont Dieu a parlé dès les siècles par la bouche de tous ses saints prophètes." — Actes III, 19—21.

Notre Seigneur avait l'intention de faire comprendre à ses disciples qu'il reviendrait pour un certain but, en une certaine manière et à un certain temps, c'est, comme nous le présumons, admis et cru par tous ceux à qui les Ecritures sont familières; car s'il dit: „Quand je m'en serai allé .... je reviendrai" (Jean XIV, 3), il fait certainement allusion à sa **seconde venue en personne.**

Plusieurs croient que lorsque des pécheurs se convertissent, cela forme un acheminement vers la venue du Seigneur, et qu'il continuera à venir ainsi jusqu'à ce que tout le monde soit converti, et alors il serait venu entièrement.

Evidemment, ceux-là perdent de vue le témoignage de la Bible sur ce point, qui déclare l'inverse de ce qu'ils attendent: que, à l'époque du second avènement de Jésus, le monde se trouvera bien loin d'être converti à Dieu; „qu'aux derniers jours il surviendra des temps fâcheux. Car les hommes seront.... amis des voluptés [des plaisirs] plutôt que de Dieu" (2 Tim. III, 1—4); que „les hommes méchants et séducteurs iront en empirant, séduisant et étant séduits" (v. 13). Ils oublient l'avertissement spécial de Jésus à son petit troupeau: „Veillez sur vous-mêmes, de peur .... que ce jour-là ne **vous** surprenne inopinément. Car il surviendra comme **un filet** sur tous ceux qui habitent la surface de la terre [et qui ne prennent garde]" (Luc XXI, 34, 35). Puis nous pouvons être certains qu'aucune allusion n'est faite à la conversion des pécheurs, quand il est dit: „Toutes les tribus de la terre se lamenteront à cause de lui" quand ils le verront venir (Apoc. I, 7). Les hommes se lamentent-ils à cause de la conversion des pécheurs? Bien au contraire, si ce passage se rapporte, comme presque tous l'admettent, à la présence de Christ sur la terre, il enseigne que tous sur la terre n'aimeront pas l'éclat de son apparition, ce qu'ils feraient certainement s'ils étaient tous convertis.

La majeure partie des chrétiens attendent une venue et une présence réelles du Seigneur, mais ils **reculent** de beaucoup **l'époque** de cet événement; ils prétendent qu'il faut que le monde soit converti par les efforts de l'Eglise dans sa condition actuelle, et qu'ainsi l'âge du Millénium s'introduirait. Ils disent que lorsque le monde aura été converti, Satan lié, que la connaissance de l'Eternel aura rempli toute la terre, et que les nations ne s'exerceront plus à la guerre, alors l'œuvre de l'Eglise dans sa présente condition sera achevée; et que lorsqu'elle aura accompli cette grande et difficile tâche, le Seigneur viendra pour terminer les affaires terrestres, pour récompenser les croyants et condamner les pécheurs.

Quelques passages de l'Ecriture pris séparément semblent appuyer cette manière de voir, mais si la parole et le plan de Dieu sont regardés comme un tout, il se trouve que tous favorisent l'opinion opposée, c'est à dire que Christ viendra avant la conversion du monde et régnera dans le but de la conversion du monde; que maintenant l'Eglise est mise à l'épreuve; que le salaire promis à l'Eglise après sa glorification consistera dans sa part au règne du Seigneur Jésus; et que c'est la promesse de Dieu de bénir le monde par son moyen et de faire arriver toute créature à la connaissance de l'Eternel. Telles sont les prommesses spéciales du Seigneur: „Le vainqueur, je lui donnerai de s'asseoir avec moi sur mon trône." „Ils vécurent et régnèrent mille ans avec le Christ." — Apoc. III, 21; XX, 4.

L'apôtre (Act. XV, 14) raconte que le **but principal** de l'Evangile dans l'âge présent c'est „de tirer un peuple, hors des gentils“, consacré au nom de Christ, l'Eglise vainqueur, qui sera unie avec lui lors de son second avènement et recevra son nom: Le témoignage au monde durant cet âge-ci est un but secondaire.

„Vos voies ne sont pas mes voies.“ — Esaïe LV, 8—11.

Si nous examinons plus à fond les plans révélés de Dieu, nous aurons une plus large vue sur l'objet du premier et du second avènement; et nous devons nous rappeler que les deux événements sont spécifiés comme faisant partie d'un seul et même plan. L'œuvre spéciale du premier avènement était de **racheter** le genre humain; et celle du second est de **restaurer**, de bénir et de délivrer les rachetés. Ayant donné sa vie en rançon pour tous, notre Sauveur monta au ciel pour présenter ce sacrifice au Père, ce faisant l'expiation des péchés du peuple (Héb. IX, 12, 24; II, 7). Il retarde sa venue et permet que „le prince de ce monde“ continue d'avoir l'empire du mal jusqu'à ce que chaque membre de „l'Epouse, de la femme de l'Agneau“, soit sorti victorieux, en surmontant les influences du „présent monde mauvais“, pour devenir **digne** d'un tel honneur. Alors l'œuvre de distribuer à tout le monde les grandes bénédictions acquises par son sacrifice pourra commencer, et Christ sortira pour bénir toutes les familles de la terre.

Assurément, la restauration et la bénédiction auraient pu commencer de suite, lorsque le prix de la rançon fut payé par le Rédempteur, et alors la venue du Messie n'eût été qu'un événement, le règne et la bénédiction commençant sur le champ, comme les apôtres s'y attendaient en premier lieu (Act. I, 6). Mais „Dieu avait en vue quelque chose de meilleur pour nous“ — l'Eglise chrétienne — (Héb. XI, 40); c'est donc dans notre intérêt que le règne du Christ est séparé des souffrances du Chef par ces dix-huit siècles. Cette période entre le premier et le second avènement, entre la rançon pour tous et la bénédiction pour tous, est

désignée à l'épreuve et à l'élection de l'Eglise, qui est
le corps du Christ; autrement il n'y aurait eu qu'un
seul avènement, l'œuvre qui se fera durant la période
de sa seconde présence, dans le Millénium, aurait suivi
la résurrection de Jésus. Ou bien, au lieu de dire que
l'œuvre du second avènement aurait suivi incontinent
l'œuvre du premier, disons plutôt que si Jéhovah n'avait
pas formé le dessein de choisir un „petit troupeau“,
„le corps du Christ“, le premier avènement n'aurait
eu lieu à l'époque où il a eu lieu réellement, mais
serait survenu au temps du second avènement et ainsi
il n'y en aurait eu qu'un seul. Car Dieu désigna évi-
demment la tolérance du mal pour six mille ans,
comme aussi que la purification et la restitution de toutes
choses doivent s'accomplir dans le septième millénaire.

Ainsi l'on voit que la venue de Jésus, comme sacrifice et rançon pour les pécheurs, précéda le temps de
bénédiction et de restauration d'assez longtemps pour
permettre l'élection de son „petit troupeau“ de „cohéritiers“. Cela explique un peu le retard de la part de
Dieu dans la distribution des bénédictions promises
après que la rançon la rendit possible. Les bénédictions
viendront au temps dû, comme proposé originairement,
bien que, pour un but glorieux, le prix fût payé longtemps d'avance, contre toute attente humaine.

L'apôtre nous rappelle que Jésus était absent de la
terre — dans le ciel — durant tout l'intervalle de son
ascension jusqu'au début des temps du rétablissement
de toutes choses, ou de l'âge millénaire, — „lequel il
faut que le ciel retienne **jusqu'aux** temps du rétablissement de toutes choses,“ etc. (Act. III, 21). Du moment que les Ecritures enseignent que le but du second
avènement de notre Seigneur est le rétablissement de
toutes choses, et qu'à l'époque de son apparition les
nations bien loin d'être converties, seront plutôt irritées
(Apoc. XI, 18) et en opposition les unes avec les
autres, il nous faut admettre ou bien que l'Eglise n'a
pas accompli sa mission et que jusque-là le plan de
Dieu a échoué, ou bien, comme nous le prétendons et
l'avons démontré, que la conversion du monde dans
l'âge présent n'était pas attendue de l'Eglise, mais que

sa mission a été celle de prêcher l'Evangile pour **un témoignage** et de se préparer elle-même sous la direction divine pour son grand œuvre futur. Dieu n'a encore épuisé en aucune façon ses moyens de convertir le monde. Non, que disons-nous : Il n'a pas même encore **essayé** la conversion du monde.

Combien cela doit-il être difficile pour ceux qui maintiennent que Jéhovah tente depuis six mille ans de convertir le monde et qu'il échoue toujours, de faire concorder de telles idées avec la Bible, qui nous assure que le plan de Dieu s'exécutera et que sa parole ne retournera pas à lui sans effet, mais qu'elle fera tout ce qu'il aura ordonné et mènera à bien **la chose pour laquelle il l'a envoyée** (Esaïe LV, 11). Le fait que le monde n'a pas encore été converti et que la connaissance de l'Eternel n'a pas encore rempli la terre, nous prouve qu'elle n'a pas encore été **envoyée** pour cette mission.

Si nous portons nos regards en arrière, nous observons le choix ou l'élection d'Abraham et de certains de ses descendants comme les canaux par lesquels devait venir celui qui doit bénir toutes les familles de la terre, la semence promise (Gal. III, 29). Nous observons aussi le choix d'Israël d'entre toutes les nations comme la seule en laquelle Dieu illustra d'une manière typique comment le grand œuvre pour le monde s'accomplirait, — sa délivrance d'Egypte, son Canaan, ses alliances, ses lois, ses sacrifices pour les péchés, pour l'effacement de sa culpabilité et pour l'aspersion du peuple, et son sacerdoce pour accomplir tout cela, était une miniature et une représentation typique du vrai sacerdoce et des vrais sacrifices pour la purification de toute l'humanité. Dieu dit de ce peuple: „Je n'ai connu que vous d'entre toutes les familles de la terre" (Amos III, 2). Ce peuple seul fut reconnu jusqu'à ce que Christ vînt; et encore après, car son ministère était limité en lui, et il ne voulut pas permettre à ses disciples d'aller chez d'autres. Lorsqu'il les envoya il leur dit: „N'allez point vers les gentils et n'entrez dans aucune ville des Samaritains." Pourquoi Seigneur? C'est parce que, leur répondit-il: „je ne suis envoyé qu'aux brebis perdues de la maison d'Israël“ (Matth. X, 5, 6; XV, 24). Tout son temps jusqu'à sa mort était dévoué à ce peuple, et c'est là que s'accomplit sa première œuvre pour le monde, la première manifestation de sa grâce libre et abondante pour tous, et qui au temps déterminé doit tourner à la bénédiction de tous: quand la troupe élue (pour être fils de Dieu, héritiers de Dieu et cohéritiers de Jésus Christ notre Seigneur, — tous ceux qui auront affermi leur vocation et leur élection) sera complète, alors seulement le plan de Dieu pour le salut du **monde** commencera.

La **semence** ne brisera pas la tête du serpent avant qu'elle ne soit élue, développée et élevée à la puissance. „Le Dieu de paix écrasera **bientôt** Satan sous vos pieds“ (Rom. XVI, 20; Gen. III, 15). L'âge de l'Evangile prépare la chaste vierge, l'Eglise fidèle, pour l'Epoux qui vient. Et à la fin de l'âge, quand elle sera „préparée“ (Apoc. XIX, 7), l'Epoux vient et celles des vierges qui seront prêtes entrent avec lui aux noces, — le second Adam et la seconde Eve deviennent un, et alors l'œuvre glorieux de rétablissement commencera. Dans l'économie prochaine, les nouveaux cieux et la nouvelle terre, l'Eglise ne sera plus la vierge fiancée (2 Cor. XI, 2), mais l'Epouse; et alors „l'Esprit et l'Epouse diront: Viens. Que celui aussi qui entend, dise: Viens. Et que celui qui a soif vienne; et quiconque [alors] veut de l'eau de la vie en prenne, sans qu'elle lui coûte rien.“ — Apoc. XXII, 17.

L'âge de l'Evangile, bien loin d'être la fin de la mission de l'Eglise, n'est que la préparation nécessaire pour le grand œuvre futur. La création tout entière gémit, après cette bénédiction promise, et souffre les douleurs de l'enfantement jusqu'à ce jour; elle attend avec ardeur et anxiété la **révélation** des fils de Dieu (Rom. VIII, 19—22). Et c'est une précieuse vérité que la grâce universelle a été prévue complètement dans le plan de notre père, aussi bien pour ceux qui sont morts que pour les vivants, ainsi que l'occasion bénie de l'âge qui vient.

La plupart de ceux qui peuvent apercevoir quelque

chose des dons à venir du ciel et qui savent apprécier le fait que le Seigneur vient pour distribuer les grandes bénédictions conquises par sa mort, oublient de voir jusqu'à présent que ceux qui sont dans les tombes ont tout autant d'intérêt à ce glorieux règne du Messie que ceux qui à ce moment-là ne seront pas aussi complètement dans les liens de la corruption, — de la mort. Mais aussi vrai que Jésus mourut pour **tous**, aussi sûrement faut-il que tous reçoivent les biens et les facilités qu'il a rachetés par son propre sang. Il s'ensuit donc que dans le Millénium nous devons attendre des **bénédictions** pour tous ceux qui sont dans la tombe aussi bien que pour ceux qui n'y seront pas; et nous trouverons d'abondantes preuves sur ce point, si nous pénétrons plus avant dans le témoignage du Seigneur. C'est justement parce que, dans son plan, l'Eternel a décidé de les relâcher que ceux qui sont dans la tombe sont appelés ‚**les captifs de l'espérance**‘.

Quel est, et quel sera le sort des milliards d'hommes qui ont vécu sur la terre? Dieu ne disposa-t-il rien pour ceux dont il doit avoir prévu les conditions et les circonstances? Ou conçut-il, dès la fondation du monde, des projets misérables et inhumains pour leurs tourments éternels et sans espoir, comme plusieurs de ses enfants le prétendent? Ou a-t-il préparé une voie dans la hauteur et la profondeur, dans la longueur et la largeur de son plan, de manière à ce que tous puissent encore arriver à la connaissance de ce **seul nom**, et qu'en devenant obéissants à ses ordonnances, ils puissent goûter et posséder la vie éternelle? Nous lisons que „Dieu est amour“, et que „Dieu a tant aimé le monde, qu'il a donné son fils unique, afin que quiconque croit en lui ne périsse point?“ (1 Jean IV, 8; Jean III, 16). Ne semblerait-il pas que si Dieu avait tant aimé le monde il n'aurait pas seulement pris des précautions pour que les croyants puissent être sauvés, mais aussi pour que tous puissent entendre afin de pouvoir croire?

Plus loin, si nous lisons: „Cette lumière était la véritable, qui éclaire tout homme venant au monde“ (Jean I, 9), notre raison nous dit: Non, jamais tout homme n'a été éclairé, pour autant que nous pouvons voir, notre Seigneur n'a éclairé qu'un bien petit nombre des millions d'habitants de la terre. De nos jours où la lumière est plus répandue, des millions de païens ne donnent pas plus signe d'une telle illumination que n'en donnaient les Sodomites et des myriades d'autres dans les âges passés.

Nous lisons que Jésus Christ par la grâce de Dieu souffrit la mort **"pour tous,,** (Héb. II, 9). Mais s'il souffrit la mort pour cinquante milliards environ et que pour une autre cause ce sacrifice ne devint efficace que pour deux milliards et demi seulement, la rédemption n'était-elle pas comparativement un projet manqué? Et dans ce cas, le message de l'apôtre n'est-il pas trop large? Sie nous lisons plus loin, „je vous annonce une bonne nouvelle, qui sera pour **tout le peuple** le sujet d'une grande joie" (Luc II, 10), et, regardant autour de nous, nous nous apercevons que ce ne fut une bonne nouvelle que pour un „petit troupeau" et non pour tout le peuple, cela ne nous force-t-il pas à nous étonner et à supposer que les anges avaient peut-être exagéré la bonté et la largeur de leur message et estimé trop haut l'importance de l'œuvre à accomplir par le Messie qu'ils annoncèrent.

Un autre passage: „Il y a un seul Dieu et un seul médiateur entre Dieu et les hommes, l'homme Christ Jésus qui s'est donné lui-même en rançon pour tous" (1 Tim. II, 5, 6). Une rançon pour tous? Alors pourquoi **tous** n'auraient-ils pas quelque bénéfice de la mort de Christ? Pourquoi **tous** ne devraient-ils pas arriver à la Pleine connaissance de la vérité, afin qu'ils puissent croire?

La Clef divine — Le Plan des Ages.

Combien paraissent obscures et incompréhensibles ces expressions sans la clef! Mais si nous trouvons la clef du plan de Dieu, tous ces textes, d'une voix unanime, déclarent: „Dieu est amour". Cette clef se trouve dans la dernière partie du texte que nous venons de citer: „qui s'est donné lui-même en rançon pour tous, **le témoignage en son propre temps** (au temps fixé ou déterminé)". Dieu a pour toute chose un temps propre. Il aurait pu le témoigner à tous, lors de leur vivant; mais puisqu'il ne le fit pas, cela prouve que le „propre temps" du plus grand nombre est encore futur. Le présent est le „propre temps" d'écouter pour ceux qui font partie de l'Eglise, de l'Epouse du Christ, et qui participeront à l'honneur du royaume des cieux; que celui qui a maintenant des oreilles pour ouïr, qu'il écoute et soit attentif, et il sera béni conformément. Quoique Jésus payât notre rançon avant que nous fussions nés, notre „propre temps" d'ouïr ne vint que longtemps après, et ce n'est que la compréhension qui créa notre responsabilité; et cela concurremment avec l'extension de notre capacité et de notre connaissance. Le même principe s'applique à tous: au temps déterminé par Dieu, il sera témoigné à tous, et tous auront alors l'occasion de croire et d'être bénis par ce moyen.

L'opinion prédominante est que la mort met fin à toute épreuve; mais il n'y a aucun passage qui l'enseigne ainsi; et tous ceux que nous venons de citer et plusieurs autres seraient insignifiants ou pires, si la mort mettait fin à tout espoir de la masse ignorante du monde. Voici le seul passage qu'on cite pour prouver cette manière de voir communément soutenue: „Si un arbre tombe vers le midi ou vers le septentrion, en quelque lieu qu'il soit tombé, il y demeurera" (Eccl. XI, 3). Mais si ce verset se rapporte aucunement à l'avenir de l'homme, il indique que, en quelque condition qu'il descende dans le sépulcre, aucun changement n'aura lieu jusqu'à sa résurrection.

Les Ecritures n'enseignent nulle part que la mort coupe court toute épreuve future, ainsi qu'on le croit généralement. Et comme Dieu n'a aucunement l'intention de sauver l'homme en tenant compte de son ignorance, mais „qu'il veut que **tous les hommes** soient sauvés, et qu'ils parviennent à la pleine connaissance de la vérité" (1 Tim. II, 4); comme la masse de l'humanité mourut dans l'ignorance; et comme „dans le sépulcre, où l'homme va, il n'y a ni œuvre, ni discours [pensées], ni science, nie sagesse" (Eccl. IX, 10), Dieu a conséquemment pourvu au réveil des morts, pour qu'ils puissent parvenir à la connaissance et, s'ils le veulent, à la foi et au salut. Son plan est donc que „comme tous meurent en Adam, de même tous revivront en Christ"; mais chacun en son „propre rang", — premièrement l'Eglise, l'Epouse, le corps du Christ; ensuite, pendant le Millénium, tous ceux qui deviendront les siens pendant ces mille ans de sa **présence*** [traduit à contresens par **avènement ou venue**], le „propre temps" du Seigneur, où tous le connaîtront depuis le plus petit jusqu'au plus grand d'entre eux. — 1 Cor. XV, 22, 23.

Nous voyons donc que le salut général, qui doit parvenir à chaque individu, consiste dans la lumière venant de la vraie lumière et dans l'occasion de choisir la vie; et comme la plus grande partie de la race humaine est dans la tombe, il sera nécessaire de l'en faire sortir, afin que la bonne nouvelle d'un Sauveur puisse lui être témoignée. Et nous voyons de même que le salut spécial, dont les croyants jouissent maintenant dans l'espérance (Rom. VIII, 24), et dont la réalisation sera aussi révélée dans le Millénium à ceux qui „auront cru en ce jour-là", est une **pleine** délivrance de l'esclavage du péché et de la corruption de la mort, en la liberté de la gloire des enfants de Dieu. Mais pour obtenir toutes ces bénédictions, on exige une soumission volontaire de chacun aux lois du royaume de Christ, — la rapidité avec laquelle la perfection est atteinte, indique le degré d'amour de chacun envers le Roi et envers sa loi d'amour. Si quelqu'un, éclairé par la vérité, est parvenu à la connaissance de l'amour de Dieu et est rétabli à la perfection humaine (que cela soit actuel ou compté comme tel), „se retire" et „se soustrait" (Héb. X, 38), celui-là sera exterminé du milieu du peuple (Actes III, 23), avec les incrédules. C'est la seconde mort (Apoc. XXI, 8).

Nous voyons ainsi que tous les passages, paraissant

---

* Le mot grec **Parousia** signifie partout Présence, comme par ex. dans Matth. XXIV, 3, 27, 37 et 39; 1 Cor. XV, 23: 1 Thess. IV, 15; 2 Thess. II, 1, 8; etc. — Voyez les remarques de la Bible Version de Lausanne, la traduction française la plus littérale.

si difficiles jusqu'ici, s'expliquent facilement par la déclaration, — „le témoignage en son propre temps.“ **Au propre temps**, ce sera la „bonne nouvelle qui sera pour tout le peuple le sujet d'une grande joie.“ **Au propre temps**, la véritable lumière éclairera tous les hommes qui sont venus au monde. Et ces passages ne peuvent être expliqués en aucune autre manière sans être dénaturés. Paul traite cet ordre d'arguments avec beaucoup d'énergie dans Rom. V, 18, 19. Il conclut que, comme tous les hommes furent condamnés à la mort par la transgression d'Adam, ainsi, de même, la justice et l'obéissance de Christ jusqu'à la mort, les justifient tous pour la vie; et que, comme tous perdirent la vie par le premier Adam, ainsi tous, indépendamment de leur démérite personnel, peuvent recevoir la vie par l'acceptation du second Adam.

Pierre nous dit qu'il a été parlé de cette restitution ou rétablissement par la bouche de tous les saints prophètes (Act. III, 19—21). Tous en parlent. Ezéchiel parle de la vallée d'ossements fort secs: „Ces os sont toute la maison d'Israël“: „Mon peuple, voici, je vais ouvrir vos sépulcres, et je vous tirerai hors de vos sépulcres, et je vous ferai rentrer dans la terre d'Israël. Et vous, mon peuple, vous saurez que je suis l'Eternel, quand j'aurai ouvert vos sépulcres, et que je vous aurai tirés hors de vos sépulcres. Et je mettrai mon esprit en vous, et vous revivrez, et je vous poserai sur votre terre; et vous saurez que moi, qui suis l'Eternel, aurai parlé, et que je l'aurai fait, dit l'Eternel.“ — Ez. XXXVII, 11—14.

A ceci s'accordent les paroles de Paul (Rom. XI, 25—26). „C'est qu'un endurcissement (ou aveuglement) partiel est arrivé à Israël jusqu'à ce que la plénitude des nations [le peuple élu, l'épouse du Christ], soit entrée; et ainsi tout Israël sera sauvé, [ou ramené de son état d'être rejeté];“ car „Dieu n'a point rejeté son peuple, qu'il a connu d'avance“ (vers 2). Les Israélites ont été rejetés de sa faveur pendant que l'épouse du Christ fut choisie, mais ils seront réinstallés aussitôt que cette œuvre sera accomplie (vers. 28—33). Les prophètes abondent en descriptions, montrant comment

Dieu les replantera et ne les arrachera plus. „Ainsi a dit l'Eternel, le Dieu d'Israël: ... Je les regarderai d'un œil favorable, et je les ferai retourner en ce pays, et je les y rebâtirai et ne les détruirai plus; je les planterai et ne les arracherai plus. Et je leur donnerai un cœur pour connaître que je suis l'Eternel, et ils seront mon peuple, et je serai leur Dieu; car ils reviendront à moi de tout leur cœur“ (Jér. XXIV, 5—7; XXXI, 28; XXXII, 40—42; XXXIII, 6—16). Toutes ces déclarations ne peuvent pas se rapporter simplement aux délivrances des captivités de Babylone, de Syrie, etc., car les Israélites furent de nouveau arrachés depuis.

Plus loin l'Eternel dit encore: „En ces jours-là, on ne dira plus: Les pères ont mangé des raisins verts et les dents des enfants en sont agacées. Mais chacun [qui y meurt] mourra pour son iniquité“ (Jér. XXXI, 29—30). Cela n'est pas le cas maintenant. Chacun ne meurt pas pour ces propres péchés maintenant, mais à cause du péché d'Adam: — „Tous meurent en Adam.“ C'est lui qui mangea les raisins verts du péché, et nos pères continuèrent à en manger, transmettant toujours plus de maladies et de misères à leurs enfants et hâtant par là le salaire du péché, — la mort. Le jour auquel „chacun [qui meurt] mourra pour sa propre iniquité“ seulement, est le jour des mille ans de rétablissement ou de renouvellement de toutes choses. — Matth. XIX, 28.

Si plusieurs des prophéties et des promesses de bénédictions futures semblent s'appliquer à Israël seul, il faut se rappeler qu'Israël était un peuple typique, et qu'en vertu de cela les promesses faites à lui, bien qu'elles aient parfois une application spéciale à lui-même, s'appliquent généralement à tout le monde, dont Israël fut le type. Tandis qu'Israël comme nation était le type du monde entier, son sacerdoce était le type du „petit troupeau“ élu (la tête et le corps du Christ), la „sacrificature royale“; et les sacrifices, les purifications et les propitiations exécutés pour Israël, symbolisaient les „sacrifices plus excellents“, les purifications plus complètes et la propitiation ou l'expiation réelle „pour les péchés de tout le monde“, dont Israël forme une partie.

Et c'est non seulement ainsi, mais Dieu mentionne d'autres nations par leur nom et promet leur restauration. Comme une illustration puissante, nous mentionnons les **Sodomites.** Si nous trouvons la restauration des Sodomites clairement enseignée nous pouvons nous réjouir, à coup sûr, de la vérité de cette glorieuse doctrine de la **restitution** pour tout le genre humain, exprimée par la bouche de tous les saints prophètes. Et pourquoi les Sodomites n'auraient-ils pas, eux aussi, une occasion d'atteindre la perfection et la vie éternelle aussi bien qu'Israël, ou quelqu'un de nous? Ils n'étaient point justes, c'est vrai, mais Israël ne le fut point non plus, de même nous ne le fûmes pas, nous, qui maintenant entendons l'Evangile. „Il n'y a point de juste, non pas même un seul," indépendamment de la justice qui nous est imputée par Christ, qui mourut pour tous. Les propres paroles de Jésus nous disent, que quoique Dieu fît pleuvoir des cieux du soufre et du feu et les détruisît tous à cause de leurs iniquités, les Sodomites ne furent néanmoins pas de si grands pécheurs à ses yeux, que ne l'étaient les Juifs qui avaient plus de connaissances (Gen. XIX, 24; Luc XVII, 29). Aux Juifs de Capernaüm, il dit: „Si les miracles qui ont été faits au milieu de toi eussent été faits à Sodome, elle subsisterait encore aujourd'hui." — Matth. XI, 23.

Par là notre Seigneur nous apprend que les Sodomites n'avaient pas encore eu une pleine occasion de salut; mais il la leur garantit lorsqu'il ajoute: „Mais je vous dis que le sort du pays de Sodome sera plus supportable au jour du jugement que le tien" (vers. 24). Le caractère du Jour du Jugement ainsi que son œuvre sont démontrés ailleurs.*) Ici nous attirons particulièrement l'attention sur le fait que ce sera un temps **supportable** pour Capernaüm et encore **plus supportable** pour Sodome; parce que, quoique aucune des deux n'eût encore eu une **pleine** connaissance, qu'aucune n'eût goûté les bénédictions à venir par la „semence", Capernaüm toutefois pécha contre plus de lumière.

---

*) Voyez le chap. VIII de l'Aurore du Millénium.

Et si Capernaüm et tout Israël ne seront pas oubliés, mais seront bénis, sous la „nouvelle Alliance", scellée par le sang de Jésus, pourquoi les Sodomites ne devraient-ils pas eux aussi être bénis parmi „toutes les familles de la terre?" Assurément ils le seront. Et n'oublions pas que, comme Dieu „fit pleuvoir du ciel du feu et du soufre, qui **les fit tous périr**" plusieurs siècles avant le temps de Jésus, lorsqu'il est parlé de leur rétablissement, cela implique en même temps leur résurrection, leur venue hors du sépulcre (Esaïe XXXV, 10). Au „temps dû" les Sodomites seront réveillés de la mort et amenés à la connaissance de la vérité et seront bénis ensemble avec tous les autres peuples, par la „semence" promise. Alors ils seront mis à l'épreuve pour la vie éternelle.

Par cette pensée (et par aucune autre) nous pouvons comprendre les procédés du Dieu d'amour envers les Amalécites et d'autres nations qu'il ne permit pas seulement à Israël de détruire, mais il le commanda, disant: „Va maintenant, et frappe Amalek, et détruisez, à la façon de l'interdit, tout ce qu'il a, et ne l'épargnez point, mais fais mourir tant les hommes que les femmes, tant les grands que ceux qui tettent, tant les bœufs que les brebis et tant les chameaux que les ânes" (1 Sam. XV, 3). Cette destruction de vie en apparence indifférente et sans égards semble être inconciliable avec le caractère de charité attribué à Dieu et avec l'enseignement de Jésus, „aimez vos ennemis", etc., jusqu'à ce que nous arrivions à reconnaître que le plan de Dieu est arrangé systématiquement, qu'il y a un „temps déterminé" pour chaque partie de ce plan et qu'en effet chaque membre de la race humaine y trouve sa place.

Nous pouvons voir maintenant que ces Amalécites, Sodomites et autres ont été mis en avant comme exemples de la juste indignation de Dieu, et de sa résolution de détruire finalement et complètement les ouvriers d'iniquité: des exemples qui serviront non seulement à d'autres, mais aussi à eux-mêmes, quand viendra leur jour de jugement ou d'épreuve.

Il y a des chrétiens qui sont assez disposés à accepter

la miséricorde de Dieu par Christ pour la rémission de leur propres offenses et faiblesses commises à la suite de lumières et de connaissances plus abondantes, mais qui ne peuvent concevoir que la même grâce soit aussi applicable à d'autres sous le Nouveau Testament; quoiqu'ils semblent admettre la déclaration de l'apôtre que Jésus-Christ, par la grâce de Dieu, souffrit la mort pour tous. D'aucuns ont même l'idée que le Seigneur doit avoir parlé ironiquement aux Juifs dans cette prophétie, en faisant croire qu'il voulait tout aussi bien ramener les Sodomites qu'eux, mais n'avait aucune intention de restaurer ni les uns ni les autres. Mais regardons si Ezéchiel XVI, 49—63 s'accorde avec cette idée. L'Eternel dit: „Mais toutefois **je me souviendrai** de l'alliance que j'avais traitée avec toi dans les jours de ta jeunesse, et **j'établirai** avec toi une alliance éternelle. **Alors tu te souviendras** de ta conduite et tu en seras confuse, quand tu recevras tes sœurs; . . . car **j'établirai** mon alliance avec toi, et tu sauras que je suis l'Eternel; afin que tu t'en souviennes et que tu sois honteuse, et que tu n'aies plus la hardiesse d'ouvrir la bouche, à cause de ta confusion, après que j'aurai été apaisé envers toi, pour tout ce que tu auras fait **dit le Seigneur, l'Eternel.**“ Quand une promesse est signée ainsi par le Grand Jéhovah, tous ceux qui ont écrit sur leur sceau que „Dieu est véritable“ peuvent avec pleine confiance se réjouir de son accomplissement certain; spécialement ceux qui reconnaissent que ces dons de salut de la nouvelle Alliance ont été confirmés par Dieu en Christ, qui **scella** l'alliance par son propre précieux sang.

A cela Paul ajoute aussi son témoignage en disant: „Et ainsi tout Israël [les vivants et les morts] sera sauvé [ramené de son endurcissement], selon qu'il est écrit: Le Libérateur viendra de Sion, et il détournera de Jacob les infidélités [impiétés]; et c'est là l'alliance que je ferai avec eux, lorsque j'ôterai leurs péchés . . . Ils sont bien-aimés en égard à l'élection, à cause des pères. Car les dons et la vocation [ou l'appel] de Dieu sont sans repentance“. — Rom. XI, 26—29.

Les Juifs, les Sodomites, les Samaritains et tout le genre humain seront confus et honteux, point n'est besoin de nous étonner, lorsqu'en son temps Dieu manifestera les immenses richesses de sa grâce. Oui, plusieurs de ceux qui sont maintenant enfants de Dieu seront confondus et émerveillés, quand ils verront combien **Dieu aima le monde** et combien ses plans et ses pensées étaient plus élevés que les nôtres.

Combien ce glorieux plan de Dieu, de l'élection d'un petit nombre qui bénira plus tard tout le monde, diffère de l'altération de ces vérités, comme elles sont représentées par les vues réciproquement opposées du calvinisme et de l'arminianisme*. D'une part le premier nie la doctrine biblique de la grâce libre, et d'autre part il déforme la glorieuse doctrine de l'élection; le dernier nie la doctrine de l'élection et se trouve dans l'impossibilité de comprendre l'abondance des richesses de la grâce universelle de Dieu.

Le „temps de détresse" qui a commencé actuellement finira au temps fixé, lorsque celui qui parla à la mer de Galilée en fureur, commandera pareillement à la mer furieuse des passions humaines, en disant: „Tais-toi, sois tranquille!" Quand le Prince de la paix „se lèvera" en autorité, un grand calme se fera. Alors les éléments furieux et opposés reconnaîtront l'autorité de „l'Oint de Jéhovah"; „la gloire de l'Eternel se manifestera, et toute chair **la verra** en même temps"; et dans le règne de Christ, commençant de cette manière, „toutes les familles de la terre seront bénies".

Alors les hommes verront que ce qu'ils attribuèrent à l'évolution, au développement naturel et à l'habileté de **„l'âge du cerveau"** ne fut rien d'autre que les „éclairs" de Jéhovah (Ps. LXXVII, 19) qui illuminèrent le monde au „jour de sa préparation" pour bénir l'humanité.

Le récit de la Bible sur la création de l'homme, dit que Dieu l'a créé droit et parfait, à son image même; mais que les hommes „ont cherché beaucoup

---

* Sous Arminianisme on comprend surtout les églises libres, réformées, méthodistes, adventistes, salutistes, etc.

de discours" (ou „de détours" — Gen. I, 27; Rom. V, 12; Eccl. VII, 29) et se sont corrompus; que tous étant pécheurs, il furent incapables de s'aider eux-mêmes „et ne purent se racheter l'un l'autre, ni donner à Dieu le prix du rachat" (Ps. XLIX, 7, 8, 15); que Dieu y pourvut dans son amour et dans sa compassion; que, en conséquence, le Fils de Dieu devint homme et paya le prix de la rançon de l'homme; et que, comme récompense pour ce sacrifice et en vue de l'achèvement du grand œuvre de réconciliation, il fut souverainement élevé, pour pouvoir effectuer, au temps fixé, le rétablissement de la race humaine à la perfection originelle et à tous les biens qu'elle possédait autrefois. Ces choses sont clairement enseignées dans les Écritures, du commencement à la fin, et sont inconciliable et en opposition directe avec la théorie évolutionniste de toute „science faussement ainsi nommée".

„Le Royaume des cieux ne vient pas de manière à frapper les regards. On ne dira point: Il est ici, ou: Il est là." Christ et son Eglise régneront puissamment, quoique invisibles: comme êtres spirituels, nés de l'Esprit, ils participeront de la nature divine que nul œil n'a vue ni ne peut voir. Comme le Soleil de la Justice ils illumineront et éclaireront tout et tous, et seront représentés par les vainqueurs de l'ancienne Alliance qui gouverneront le monde depuis la Jérusalem rebâtie. — Luc XVII, 20—30; Ps. XLV, 17.

„Raconte à tous cette bonne nouvelle;
Parle du temps de repos s'approchant:
Que Celui mis à la croix criminelle,
Avant bien peu régnera puissamment.

„Quoique, pour un moment, la nue épaisse
Cache l'aube du ciel bleu de printemps,
Bientôt le beau Soleil de la promesse
Se lèvera pour rayonner mille ans.

„Mille ans! gloire future de la terre:
C'est l'heureux jour prédit depuis longtemps;
C'est de Sion l'aurore pleine et claire
Que les Voyants prévirent de tout temps."

— Traduit de l'anglais.

Adresses:

États-Unis: Watch Tower, Bible & Tract Society, Arch Str., 610, Allegheny, Pa.
Suisse: Adolphe Weber, Convers hameau (Jura Bernois).
France: J. Chevalier, 38, rue Dubourdieu, Bordeaux (Gironde).
Belgique: N. Desy, Mont sur Marchienne, près Charleroi.

De Jésus et de la résurrection.

„C'est à cause de l'espérance et de la résurrection des morts que je suis mis en jugement." — Paul, Actes XXIII, 6; XXIV, 21.

„Lorsqu'ils entendirent parler de résurrection des morts, les uns se moquèrent, et les autres dirent: Nous t'entendrons là-dessus une autre fois." — Actes XVII, 32.

Si nos chers égarés qui sont morts hors de Christ sont déjà „dans l'étang ardent de feu et de soufre", et les justes en félicité, pourquoi les Ecritures disent-elles, „que le Seigneur sait réserver les injustes pour être punis au jour du jugement [qui est le Millénium]"; et que, s'il n'y a pas de résurrection des morts, „ceux même qui se sont endormis en Christ ont péri"? — Apoc. XXI, 8; 2 Pierre II, 9; 1 Cor. XV, 13—18.

Si ceux qui sont morts en Christ ont déjà reçu leur récompense, pourquoi le Seigneur lui-même dit-il „qu'elle leur sera rendue à la résurrection des justes", quand le Fils de l'homme reviendra dans la gloire du Père, où il sera rendu à chacun selon ses œuvres? — Luc. XIV, 14; Matth. XVI, 27; Apoc. XI, 18.

Si les fidèles croyants sont couronnés à leur mort, pourquoi les apôtres disent-ils que leur propre couronne leur „est réservée" pour le jour où le „Souverain Berger" aura été manifesté? — 2 Tim. IV, 1, 8; 1 Pierre V, 4.

S'ils sont déjà en présence de Dieu, chantant sa gloire pourquoi „le chantre agréable d'Israël" dit-il que „dans mort il n'y a plus de souvenir" de Dieu et que „les morts n célèbrent pas l'Eternel"? — Ps. VI, 6; CXV, 17.

Si les prophètes et d'autres anciens dignitaires montèren' tout droit au ciel après leur mort, comme les églises enseignent pourquoi Jésus dit-il: „Personne n'est monté au ciel" et Pierre. un peu plus tard: „David n'est point monté au ciel?" — Jear III, 13; Actes II, 34.

Si les apôtres sont déjà au ciel, comment se fait-il que Jésus leur dit avant son ascension: „Où je vais vous n pouvez venir", mais „lorsque je m'en serai allé ... je reviendra et [alors] je vous prendrai auprès de moi?" — Jean XIII 33; XIV, 3.

Notre message, semblable à celui des apôtres, c'est Jésu le seul Rédempteur, et la résurrection, la bienheureuse espérance Pour obtenir cela il faut la foi et l'obéissance.

N'y a-t-il pas de danger de devenir confus en acceptar les traditions des hommes au lieu de la Parole de Dieu? I lecteur ne veut-il pas prendre pour règle dorénavant „Ain a dit l'Eternel?"

Une abondance de lumière sera obtenue sur toutes c questions par la lecture d'un ouvrage intitulé „l'Aurore Millénium", qui montre ce que c'est que le plan d'amour Dieu envers toutes ses créatures et ouvre à l'enfant de Di „les trésors cachés" de la grâce divine. Le prix de ce liv de 400 pages est à la portée de tous, fr. 1. 50 avec couvertur en papier et frs. 3.— élégamment relié (en anglais 25, 35 65 cents, suivant la reliure). Gratuit aux pauvres du Seigne

www.ingramcontent.com/pod-product-compliance
Lightning Source LLC
Chambersburg PA
CBHW062320070726
47596CB00009B/2501